LA TROISIÈME VOIE ET FRANÇOIS BAYROU LE TEXTE FONDATEUR

CHRISTIAN SAINT-ÉTIENNE

LA TROISIÈME VOIE ET FRANÇOIS BAYROU LE TEXTE FONDATEUR

POUR UNE SOCIAL-ÉCONOMIE ET UN ÉTAT-STRATÈGE

SCALI

0071

80, rue du Faubourg Saint-Denis
75010 Paris
www.scali.net
ISBN 978-2-35012-162-8

J'analyse dans ce livre les principaux thèmes de la *troisième voie* d'action politique fondée sur la social-économie et l'État-stratège. Ces piliers sont complétés par la réforme des institutions politiques résultant de l'introduction de la proportionnelle aux élections législatives et du mandat unique.

Pour moi, la *troisième voie* n'est pas un moyen terme entre la gauche et la droite, mais une politique puissante et originale, seule à même de replacer la France sur son *Centre de gravité*. La nécessité de la *troisième voie* va au-delà de ce qu'ont initié Bill Clinton et Tony Blair. Il s'agit de constituer un nouvel ordre tripolaire (voir chapitre 3) pour refonder la République et créer une dynamique de croissance dans une société équitable et transparente.

Christian Saint-Étienne

Sommaire

Les fondements d'une troisième voie pour la France : social-économie et État-stratège

Quel est ce centre que nous proposons comme solution aux problèmes de la France ? Les adversaires de l'UDF le réduisent à ce qui les arrange : un centre mou ou une incapacité de choisir entre la gauche et la droite qui seraient les deux seules solutions possibles de gouvernement. Or, après vingt-six ans d'alternance gauche-droite, qu'a-t-on fait sinon passer d'un réductionnisme de gauche à un réductionnisme de droite, sans jamais réussir à remobiliser le pays et en assistant à l'affaiblissement graduel de nos performances et de notre place en Europe et dans le monde ?

Le système dit majoritaire monobloc, paré de toutes les vertus, a non seulement conduit à plusieurs cohabitations mais plus encore à l'impuissance. Impuissance d'un système qui n'a pas su prendre les décisions nécessaires pour permettre à la France de s'adapter à son environnement, là où le système allemand, qui allie système majoritaire et système proportionnel pour l'élection des députés, a pris les décisions nécessaires pour refaire de l'économie allemande une des plus compétitives du monde. Impuissance d'un système qui, dans sa forme la plus parfaite avec homogénéité totale de parti entre le président, le Premier ministre, l'Assemblée nationale et le Sénat, en 2006, s'est couché devant la rue au moment du CPE* ! Si le gouvernement avait dû convaincre une majorité de coalition, il aurait fait évoluer ce contrat pour qu'il soit compris et admis. Si les gouvernements de Schröder et Merkel étaient passés en force sur les réformes économiques et sociales, sans entendre les critiques, rien n'aurait davantage abouti en Allemagne qu'en France ! De plus, il

* Contrat Première Embauche, réservé aux moins de 25 ans. Projet voté puis annulé au printemps 2006.

convient de ne pas réécrire l'Histoire ! Puisque, outre les cohabitations de 1986, 1993 et 1997, le régime a déjà connu deux coalitions hors cohabitation : 1988 et 1995. En 1993, nous avons eu simultanément cohabitation et coalition. Nous reviendrons plus loin sur la nature des institutions de la Ve République.

Un nouveau chapitre de notre histoire politique peut donc s'ouvrir en 2007 : le moment est venu de rassembler tous les hommes et toutes les femmes de bonne volonté pour remettre le pays d'aplomb.

*

Le centre de François Bayrou n'est pas un positionnement géographique ou politique, sur un échiquier de convenance, mais le *Centre de gravité* de notre pays. Comme le savent les sportifs, on ne peut pas se concentrer et produire un effort sans partir de son centre de gravité. Le problème clé de la France est qu'elle ne parvient pas à se renouveler pour réussir dans son environnement.

Ce à quoi la France doit parvenir, en se replaçant sur son *Centre de gravité*, dans la fidélité à ses racines et à ce qui est impérissable en elle, c'est *retrouver le chemin de l'effort et de l'excellence au service de tous*. Chaque mot compte dans cette phrase. Nous ne pouvons reconstruire une croissance durable sans effort et sans discipline, mais le fruit de cet effort doit bénéficier à tous. Car le *Centre de gravité de notre pays est un centre d'excellence dans une société tolérante et équitable*. On ne gagne rien à continuellement opposer les riches aux pauvres, comme le fait la gauche, ou les créateurs aux assistés comme le fait la droite. Il n'y a pas une solution de gauche, qui nous ferait « passer de la nuit au jour », ou une solution de droite qui « romprait un cycle d'asservissement pour accéder à la liberté ». Il y a des solutions intelligentes et équitables qui rassemblent, ou des réponses idéologiques ou partisanes soit inefficaces, soit inéquitables, et parfois les deux. Ces dernières divisent et affaiblissent le corps social.

Ce dont nous avons besoin, c'est d'un pays dans lequel les créateurs et les travailleurs sont mis en condition de produire leurs efforts afin de tirer le développement économique, tandis que les personnes fragiles sont prises en charge et guidées vers des efforts à leur mesure, dans une approche de responsabilité et de fraternité qui leur rend leur dignité. La volonté d'aider les plus fragiles, économiquement ou psychologiquement, et parfois les deux, ne vient pas seulement du désir de traiter chacun équitablement. Il faut aussi comprendre que la ligne qui sépare réussite et échec est, pour la plupart d'entre nous, extrêmement fine. On peut avoir un emploi, une famille et un logement, et puis, un jour, insidieusement, tout bascule. Nous vivons dans un monde changeant qui est devenu un univers de risques.

Parfois, on reproche aux travailleurs de rester figés sur leurs avantages acquis, incapables qu'ils seraient d'accepter une société plus risquée. Et dans le même temps, certains patrons se gavent de parachutes dorés et de retraites-chapeaux ! Y aurait-il une recherche vertueuse de sécurité pour les puissants et une captation d'avantages indus pour les plus fragiles ? En réalité, nous avons tous besoin d'un minimum de sécurité pour être efficaces. Car, pour aller de l'avant, on ne peut pas continuellement regarder dans son dos pour couvrir ses arrières.

Le *Centre de gravité* que nous devons retrouver est un *point de force et d'équité* qui vise à donner les bases pour avancer avec confiance : une éducation de qualité, une santé publique qui n'oublie personne, des emplois rémunérateurs ou des formations tout au long de la vie adulte qui permettent de retrouver du travail, une retraite décente.

Si chacun est responsable de ses actes et doit toujours contribuer aux charges communes à la mesure de ses moyens, il faut comprendre que nous sommes tous dans le même bateau. Bateau national pour fonder notre prospérité et organiser nos solidarités, bateau européen pour répondre aux grands défis contemporains, bateau global face aux menaces qui fragilisent la planète. Il faut donc définir le cap de chacun de ces bateaux et déterminer les points d'arrivée de leurs traversées.

Quels sont les principaux éléments du diagnostic préalable à la construction du *Centre de gravité* ? Comment peut-on caractériser le monde dans lequel nous sommes ? Nous sommes confrontés à :

- un monde global, qui combine les exigences d'une économie de la connaissance et des écarts de niveaux de vie et de coûts de production qui sont énormes. Dans ce monde bouleversé, la France apparaît trop peu compétitive et insuffisamment innovante ; elle semble perdre pied dans le monde industriel sans proposer les nouveaux produits et services dont nous avons besoin ;

- une Europe qui prétend combiner solidarité financière et concurrence fiscale et sociale ;

- une sphère publique trop peu productive et un État qui est absent là où il devrait être.

Comment construit-on une économie plus productive et un État plus efficace tout en renforçant les solidarités essentielles ?

I. Le diagnostic

La France était encore la 4e puissance économique de la planète en 1990. Elle est déjà tombée au 6e rang en 2006 et se dirige vers le 10e rang d'ici à 15 ans !

Serons-nous indéfiniment les spectateurs de l'avachissement de notre pays ? Sommes-nous encore capables d'être les acteurs de notre destin ?

Le PIB par emploi a vu son taux de croissance annuel moyen passer de 4,7 % sur la période 1950-1973 à 2,1 % en 1974-1990, puis 1,1 % en 1990-2003. Sur la période la plus récente, depuis 1990, notre performance est inférieure de 20 % par rapport à l'Allemagne, de 37 % par rapport aux États-Unis et de 45 % par rapport au Royaume-Uni !

Le PIB par emploi est passé en France, sur une base 100 aux États-Unis, de 47,5 % en 1950 à 95 % en 1990, pour retomber à 83 % en 2006. Nous sommes retombés, en termes de capacité productive et de niveau de vie relatifs, près de 30 ans en arrière en 15 ans !

Si nous voulons réagir, 2007 n'est pas un point de passage mais la 11e heure !

Une France affaiblie dans un monde bouleversé

La planète évolue à une vitesse sans équivalent dans le monde passé. Alors que la croissance économique annuelle moyenne des 29 pays industriels, qui ne représentent plus que 15 % de la population de la planète, est passée de 2,9 % en 1988-1997 à 2,6 % en 1998-2007, celle des pays émergents et autres pays en voie de développement (PVD), qui rassemblent 85 % de la population mondiale, est passée de 4,1 % en 1988-1997 à 5,9 % en 1998-2007. En 2006, le monde développé a produit 52 % du PIB mondial et les pays émergents et autres PVD

48 % (dont 16 % pour la Chine et 6 % pour l'Inde)*.

Au cours de la décennie 1998-2007, la croissance de la zone euro, qui représente moins de 5 % de la population mondiale, n'a été que de 2,1 % contre 3,1 % pour les États-Unis.

Pour simplifier, en moyenne et sur la décennie 1998-2007, la zone euro croît à 2 % l'an, les États-Unis à 3 % et le reste du monde à 6 %. Avec une population stagnante et une croissance réduite, la zone euro est en voie de marginalisation sur l'échiquier mondial.

À l'intérieur de la zone euro, les performances de la France se sont fortement dégradées dans la période récente. Sur la période 1999-2006, la part de marché de la France dans les exportations de marchandises de la zone euro est passée de 17 % à 14 %, soit une baisse de plus de 80 milliards d'euros ou près de 5 points

* Source : *World Economic Outlook*, septembre 2006.

de PIB. Les indicateurs relatifs aux échanges de services ne sont pas plus favorables : l'excédent dégagé est passé de 1,5 % du PIB en 2000 à presque rien en 2006. Notre recul sur les marchés mondiaux nous a coûté 0,7 % de croissance par an, en 2003-2005, et 0,3 % de croissance par an en 2006-2007.

En 2006, la croissance française n'a atteint que 2 % contre 2,9 % en Allemagne et 2,8 % pour l'ensemble de la zone euro. La production industrielle française est à peine supérieure en 2006 au niveau atteint en 2000. Quant à l'industrie automobile, un des fleurons de notre industrie, elle s'enfonce dans la crise depuis 2004 et rien ne permet d'espérer un retournement au premier semestre de 2007.

Le déficit public est encore à 2,5 % du PIB en 2006, la dette publique atteignant 64 % du PIB en fin 2006. Le déficit devrait se maintenir autour de 2,5 % du PIB en 2007 et la dette publique devrait dépasser 64 % du PIB en fin 2007. En cas de remontée des taux d'intérêt, l'effet « boule de neige » sur la charge publique d'intérêts serait très grave.

Au total, la production française est en panne depuis sept ans, dans une zone euro qui croît à faible vitesse, l'embellie de la zone en 2006 étant due au rebond allemand tiré par des exportations très dynamiques. Mais la France décroche en production et à l'export.

La France a donc un besoin vital de reconstruire une offre compétitive de biens et services afin de relancer sa production, ses exportations et le développement de l'emploi marchand. Dans le cadre d'une économie de la connaissance, cela exige un effort de recherche et développement et d'éducation secondaire et supérieure très fortement accru et une relance de l'investissement productif et des infrastructures de compétitivité. L'échec scolaire dans le primaire ne peut plus être toléré.

Une Europe dont la crise est profonde

L'Europe est en panne. L'échec du référendum constitutionnel en mai-juin 2005, en France et en Hollande, est davantage le symptôme que la cause de cette crise. Car il est difficile d'imaginer deux pays aussi différents que la France et la Hollande : l'un terrien, continental et centralisé ; l'autre maritime, ouvert au monde et faisant largement confiance à la société civile. Si deux pays ayant des valeurs et des attentes aussi différentes ont rejeté ce texte, c'est qu'il ne choisissait pas suffisamment clairement le modèle d'Europe à promouvoir : zone de libre-échange à l'extension indéfinie ou phase préparatoire à des États-Unis d'Europe ?

En réalité, nous avons besoin des deux, c'est-à-dire d'une Europe en plusieurs cercles :

- un ensemble large, fondé sur les règles du commerce et du droit, constitué en marché unique soumis à des normes sociales et environnementales communes ;

- un cœur de pays étroitement associés formant une Europe politique et démocratique capable de conduire une politique stratégique autonome, en alliance avec les États-Unis, et au service de la paix mondiale.

Au préalable, il faudra clarifier les règles de fonctionnement de l'Union européenne car on ne pourra continuer indéfiniment à fonctionner avec une Union européenne qui prétend construire des réseaux de coopération et de solidarité en son sein, tout en encourageant une concurrence fiscale agressive entre ses membres.

En ce qui concerne le cercle le plus large, qui peut prendre le nom d'Union euro-Méditerranée, il pourra inclure à terme un milliard d'habitants, de l'Écosse à l'Oural et de la Scandinavie au Maghreb et au Proche-Orient. Ce grand marché, définissant des règles de vie communes à des populations partageant les mêmes bassins de vie, est stratégiquement fondé puisque ces pays font les trois quarts de leur commerce extérieur entre eux et qu'ils seront le point d'équilibre de la planète dans le contexte du duopole de puissances entre les États-Unis et la Chine qui se met en place sous nos yeux.

Pour le cercle le plus étroit, le partage des mêmes valeurs, d'une même monnaie et d'une défense commune peut naturellement conduire à consolider les liens politiques au sein d'une fédération d'États-nations.

Qui d'autre que le parti politique le plus européen de France aura la force et la crédibilité pour provoquer les clarifications politiques qui s'imposent en Europe ?

Une sphère publique à dynamiser

La dépense publique a atteint 53,6 % du PIB en 2006 et devrait se situer à 53,5 % du PIB en 2007. Les prélèvements obligatoires devraient passer de 44,4 % du PIB en 2006 à 44,2 % du PIB en 2007, le déficit public étant pratiquement inchangé (2,6 % du PIB en 2006 et 2,5 % du PIB en 2007) et la dette ne se réduisant que modestement (64 % du PIB fin 2007).

La dépense publique devrait se situer à 45,5 % du PIB dans la zone euro hors France en 2007, ce qui donne un écart de dépenses de 8 points de PIB entre la France et la zone euro hors France. Les dépenses publiques explicables et souhaitables, comme le maintien d'une politique de scolarisation dès l'âge de 3 ans et un développement important des crèches (même si elles sont toujours insuffisantes), le maintien des services publics y compris dans les territoires à faible densité, ou le maintien de la dissuasion nucléaire, expliquent environ 2 points de PIB ou un quart de l'écart de dépenses entre la France et les autres pays membres de la zone euro. Il reste 6 points de PIB d'écart de dépenses qui correspondent à l'inefficacité de l'empilement des structures administratives (environ 2 points de PIB), aux différents régimes et prestations qui contribuent à réduire le taux d'activité de la population active (plus de 2 points de PIB) et à un mauvais management de la sphère publique*.

Cet excès de dépense publique ne se traduit pas par des services publics irréprochables : 20 % des jeunes sortent de l'école primaire sans posséder

---

* Pour une analyse approfondie de la crise de l'État en France et des réformes à opérer, on pourra se reporter à mon livre : *L'État efficace*, paru chez Perrin en février 2007.

les trois compétences de base (lecture, écriture et calcul), un taux de chômage global très élevé, un niveau de recherche et développement trop faible, une insécurité qui reste élevée.

Allons plus loin. Les dépenses de R&D et d'enseignement supérieur de 3,5 % du PIB en France sont prises en charge par la sphère publique à hauteur de 2,1 % du PIB et par le privé à hauteur de 1,4 % du PIB. Les mêmes dépenses aux États-Unis de 5,6 % du PIB sont financées à hauteur de 2,4 % du PIB par le public et de 3,2 % du PIB par le privé.

Sur les 53,5 points de PIB de dépense publique en France, 2,1 % du PIB financent l'avenir (soit 3,9 % de dépense d'avenir sur l'ensemble des dépenses), contre 2,4 % du PIB de dépense publique d'avenir aux États-Unis sur 37 % de PIB de dépense publique (soit 6,5 % de dépense d'avenir sur l'ensemble des dépenses). L'État français dépense beaucoup moins que l'État américain dans ces domaines, alors que la dépense publique française est très supérieure à la dépense publique américaine !

De plus, l'État est absent des zones où il est le plus nécessaire. Alors que l'État est très présent dans les centres villes des grandes métropoles, il est peu présent dans les 750 quartiers rassemblant six millions d'habitants dans lesquels l'insécurité est la plus forte, le taux de chômage est le plus élevé (plus de 40 % pour les jeunes de ces quartiers) et le taux d'échec scolaire le plus fort.

Comment construit-on une économie plus productive et un État plus efficace tout en renforçant les solidarités essentielles ?

II. Pour une social-économie et un État efficace

Nous ne devons pas renoncer à nos valeurs pour faire face à la grave crise que nous traversons. La réponse à nos problèmes ne réside pas dans l'ultralibéralisme ou le démantèlement de l'État. Plus que jamais, nous avons besoin d'un État fort, mais qui soit efficace, au service d'un projet national cohérent et solidaire. Et de régions de gouvernement capables de traiter des problèmes au plus près du terrain. Nous avons besoin d'un État régalien fort et d'un État-stratège puissamment déterminé et incitatif pour pousser les entrepreneurs à créer des richesses et leurs entreprises à créer des emplois, et pour pousser les régions à développer les territoires. Pour assurer la cohérence entre ces deux poussées, une politique très volontariste doit être menée pour favoriser le développement des entreprises de moins de 500 salariés afin de mailler les territoires par un réseau aussi dense que possible d'entreprises compétitives.

*Pour une social-économie**

D'habitude, dans les programmes électoraux, l'économie représente un chapitre et le social en représente un autre. Il faut au contraire considérer le projet économique et le projet social dans leur unité. La mondialisation est une compétition. Dans cette compétition, la solidité et la solidarité de la société sont un formidable atout. Et il n'y a de lien social possible qu'avec une économie créative, tournée vers l'innovation, qui produit de la richesse et qui offre du travail. Cette vision choisit de faire

* Cette section emprunte beaucoup au discours de François Bayrou sur la social-économie, prononcé le 23 février 2007, et à son interview d'une double page parue dans *Les Échos* du 26 mars 2007.

de la France un pays pro-entreprise et pro-recherche. Elle appelle à une vraie politique économique européenne. Elle lutte contre l'accroissement continu de la dette publique.

Nous avons trois dettes qui pèsent sur nos épaules : une dette financière, une dette générationnelle et une dette écologique.

Le déficit actuel de l'État ne soutient plus la croissance, mais, au contraire, la freine. En effet, un déficit de 45 milliards d'euros qui s'ajoute chaque année à une dette de 1 150 milliards d'euros, sans compter 800 milliards d'euros d'engagements de retraite, cela crée une immense incertitude, surtout si les taux d'intérêt devaient remonter (une remontée de 1 % des taux d'intérêt coûterait 3,4 milliards d'euros en première année pleine et plus de 10 milliards d'euros 10 ans plus tard, soit la moitié de l'actuel budget de l'enseignement supérieur). La seule charge de la dette s'élève à 40 milliards d'euros dans la loi de Finances pour 2007 (hors remboursement du capital), soit presque autant que l'impôt sur le revenu (57 milliards d'euros) ou que l'impôt sur les sociétés (55 milliards d'euros).

Il est impératif de supprimer le déficit du budget de fonctionnement de l'État, ce qui impose de réduire le déficit de l'État de 22 milliards d'euros en trois ans. Or nous ne pouvons augmenter un taux de prélèvement obligatoire qui est un des plus élevés de l'OCDE. Il faut donc continuer de geler la croissance en volume des dépenses de l'État et affecter la moitié du surplus naturel de recettes à la baisse du déficit. Avec 2 % de croissance et 1,8 % d'inflation, ce surplus atteint 14 milliards d'euros par an. En affecter la moitié, soit 7 milliards d'euros, à la réduction du déficit, nous permet de réduire en trois ans le déficit du montant attendu.

Le budget de la Sécurité sociale doit être légèrement excédentaire chaque année car c'est un budget de fonctionnement : peut-on imaginer de faire payer à nos enfants nos dépenses de santé d'aujourd'hui ? Il serait même souhaitable que ce budget soit significativement excédentaire pour alimenter le Fonds de réserve des retraites. Quant au budget de fonctionnement cumulé de l'ensemble des collectivités locales, il doit être également significativement excédentaire pour préparer le renouvellement de nos infrastructures. La *dette financière* pourra alors régulièrement baisser en pourcentage de la richesse produite.

La *dette générationnelle* est encore plus insidieuse. Il est urgent de rétablir l'égalité des Français devant la retraite : à situation égale, les droits doivent être égaux. Il est donc essentiel de mettre en œuvre une retraite par points, les droits correspondant aux cotisations versées. La retraite par points rend possible la retraite à la carte. Il faut également revaloriser le minimum vieillesse et les petites retraites.

Notre *dette écologique* envers la planète est encore plus dangereuse. Le réchauffement climatique n'est pas seulement une gêne. Ce sont nos conditions de vie qui sont altérées. Il faut donc introduire une taxation progressive des énergies fossiles afin qu'il en coûte moins cher de protéger l'environnement que de le polluer. S'impose donc d'urgence une taxe carbone au niveau européen qui serait mise en place sur 10 ans. Cette taxe doit permettre de développer l'emploi en réduisant du même montant les cotisations sociales pesant sur le travail. Cette taxe européenne doit préfigurer une taxe mondiale.

Pour reconstruire une offre compétitive, il faut orienter toute l'action publique vers le soutien de la recherche et de l'entreprise.

- La recherche est un des leviers majeurs de réussite de notre pays dans la mondialisation. Il faut notamment faire de la recherche une voie privilégiée pour la sélection des élites. Pour que les universités soient le support d'une recherche d'excellence, il faut modifier leur gouvernance*. Il faut concentrer les pôles de compétitivité et augmenter massivement leurs moyens. Mais il faudra aussi améliorer significativement la rémunération des cher-

* Sur ce point, voir mon article « Pour des universités de rang mondial », *Le Monde* du 13 mars 2007.

cheurs et adopter des décisions emblématiques comme exempter d'impôt les revenus des brevets. Pour atteindre ces objectifs, il conviendra d'augmenter le budget de la recherche de 5 % par an pendant 10 ans.

- L'entreprise est le lieu de création des richesses matérielles, puisque la valeur ajoutée des entreprises est la composante essentielle du produit intérieur brut. L'entreprise est plus encore le moteur de la social-économie. Il faut donc favoriser le développement des PME par un *Small Business Act* à la française. Quatre mesures clés doivent être prises : diriger une part significative de la recherche publique vers les PME, ramener les délais de paiement de 65 à un maximum de 45 jours afin de diminuer le besoin de financement des petites entreprises qui se trouvent réduites à financer l'État et les grands groupes, diriger une part significative de la commande publique vers les PME et baisser le taux de l'impôt sur les sociétés sur une première tranche de bénéfices mis en réserve.

En contrepartie, il conviendra de mieux cibler les aides aux entreprises. En 2005, les aides aux entreprises ont atteint 65 milliards d'euros (4 % du PIB), financées à 90 % par l'État et distribuées selon un maquis de 730 dispositifs dont personne ne sait quel est l'effet réel. Ces aides devront être concentrées sur les axes clés de reconstruction de notre économie : développement de nouvelles technologies de croissance propre permettant de transformer la contrainte environnementale en opportunités de création de nouveaux produits et services (économies d'énergie, constructions HQE à énergie nulle ou négative, transports propres, production d'énergie renouvelable ou non carbonée, bioénergies, biomatériaux, etc.) et accélération de la croissance des PME pour faire émerger les gazelles et les mini-groupes dont nous avons besoin pour dynamiser la recherche en entreprise, les exportations et la création d'emplois.

Il faut bien comprendre que l'insistance sur le renouveau de notre tissu de PME n'est pas, comme pour les autres courants politiques, un discours de convenance parmi cent autres. Deux considérations sont décisives : d'une part, les entreprises de moins de 500 salariés emploient les deux tiers des salariés des secteurs de l'industrie, du commerce et des services. D'autre part, entre 1981 et 2005, les entreprises de moins de 50 salariés ont créé 2 190 000 emplois, celles ayant de 50 à 199 salariés ont créé 810 000 emplois, tandis que celles de plus de 200 salariés ont supprimé 436 000 emplois, pour un total de 2 564 000 emplois créés. Or, les entreprises de moins de 500 salariés sont à 95 % des entreprises familiales. De plus, la rentabilité des entreprises françaises, ajustée du risque, est significativement inférieure à celle des entreprises américaines, anglaises et allemandes. La rentabilité des entreprises de moins de 500 salariés est « inférieure d'un gros tiers et leur effort de R&D (en pourcentage du CA) est inférieur de près de moitié, respectivement par rapport à la rentabilité et à l'effort de R&D des entreprises américaines de même taille* ». L'écart de rentabilité et de R&D des PME françaises par rapport aux allemandes est à peine plus réduit. Le plan PME du *Centre de gravité* de la France est

* Source : CAE : *Une stratégie PME pour la France*, La Documentation française, juillet 2006.

donc fondé sur une analyse économique précise des forces et faiblesses de notre appareil de production. La France ne compte que 25 000 entreprises ayant entre 50 et 250 salariés contre 47 000 en Allemagne, et 5 100 entreprises ayant plus de 250 salariés contre 10 200 en Allemagne. Il est impératif d'augmenter le nombre d'entreprises françaises ayant entre 50 et 250 salariés de 15 000 pour en disposer d'au moins 40 000 dans sept ans. Avec une moyenne de 200 salariés, on obtiendrait les trois millions d'emplois productifs qui nous manquent. Ces 15 000 entreprises doivent émerger parmi les 153 000 entreprises ayant de 10 à 49 salariés. Il faut donc mettre en place une politique qui encourage un entrepreneur sur 10, parmi les 153 000 précités, à faire un saut de développement pour atteindre 70 puis 150 salariés. Ce saut entraîne une prise de risque d'autant plus grande que la rentabilité des PME françaises est faible, le poids des charges écrasant et les contraintes du droit du travail lourdes. De ce point de vue, vouloir développer l'emploi en France et mener une politique fiscale qui casse le développement des entreprises familiales est une stupidité sans nom.

Il y a une divergence fondamentale entre les autres courants politiques et le *Centre de gravité* de la France sur la croissance économique. Là où les pseudo élites des partis monoblocs s'imaginent capables de désigner les gagnants de la compétition parmi les grands groupes, décisions prises à l'écart du peuple, entre « grands » de la politique et des affaires, le *Centre de gravité* fait confiance aux hommes et aux femmes de notre pays et particulièrement aux créateurs et entrepreneurs, dans le cadre d'une politique transparente, pour favoriser l'essor national.

Favoriser le développement de l'emploi suppose notamment de réduire les charges salariales des entreprises. Pour initier le mouvement, deux emplois pourront être créés sans charges par toutes les entreprises, cette mesure transitoire préfigurant la baisse générale des charges sur le travail (voir ci-dessous). Ces deux emplois concernent l'augmentation du nombre d'emplois, par exemple une entreprise qui passe de deux à quatre employés, et uniquement pour des contrats à durée indéterminée. L'exonération concerne les charges patronales à l'exception des 9,9 % affectés aux retraites. Le taux des cotisations sociales est actuellement de 18 % sur un SMIC, de 31 % sur 1,3 SMIC (qui représente le salaire moyen de recrutement en CDI) et de 44 % à partir de 1,6 SMIC. Le taux de cotisation serait donc ramené à 9,9 % ce qui correspond à une baisse du coût du travail de 7 % pour un SMIC, de 16 % pour 1,3 SMIC et de 24 % pour 1,6 SMIC et au-delà. L'impact de cette mesure peut être estimé entre 80 000 et 140 000 emplois supplémentaires par an, soit une accélération de 25 % à 40 % de la création spontanée estimée annuellement à 350 000 emplois. L'économie de charge patronale sera plafonnée à 5 000 euros par an pour éviter les abus. De même, le paiement des heures supplémentaires sera majoré de 35 % pour récompenser le travail (entre 35 et 39 heures), les cotisations sociales sur ces heures étant réduites en sorte que le coût d'une heure supplémentaire pour l'employeur soit le même que pour une heure normale.

Une fois le mouvement de baisse des charges initié, une part significative des cotisations sociales concernant la famille et, si possible, la santé sera basculée sur la TVA et la CSG afin de réduire les charges salariales sur tous les emplois*.

Pour que les particuliers et les entreprises puissent investir, épargner et penser leur avenir à long terme, *il faut que la fiscalité soit stable et simple*. Il conviendra de simplifier notre système fiscal en réduisant les taux marginaux mais sans abaisser le poids des prélèvements obligatoires pour assurer la cohérence avec la priorité de réduction des déficits. Dans le cadre de cette simplification, il faudra plafonner l'avantage fiscal lié au cumul des niches pour chaque contribuable à un montant qui sera fixé en pourcentage de son impôt, par exemple 20 % de l'impôt dû, avec un plancher au bénéfice des petits revenus. L'impôt sur la fortune (ISF) doit être un impôt à base large et taux faible. Un taux uniforme de 1 pour 1 000 sur une base proche de l'assiette actuelle permettrait de réduire les effets négatifs de cet impôt qui deviendra un simple « impôt sur le patrimoine » car un patrimoine moyen, ce n'est pas de la fortune. De plus, le mot de « fortune » cons-

* Sur ce point, voir en annexe l'article sur la « TVA sociale ».

titue une stigmatisation d'autant plus ridicule que l'on veut encourager l'effort et l'entreprise pour créer des emplois. La Suède a annoncé, en mars 2007, qu'elle allait supprimer son impôt sur la fortune au motif qu'il est destructeur d'emplois, ce qui est également vrai en France*.

Pour ce qui est des droits de succession, on peut envisager d'exonérer complètement les successions en ligne directe jusqu'à 200 000 euros et de relever l'abattement par part d'enfant. La transmission du patrimoine aux enfants du vivant des parents devra être fortement encouragée.

Au total, l'État-stratège encourage massivement l'essor des PME, favorise la mutation vers une éco-nation, c'est-à-dire un pays tout entier voué au développement durable en bâtissant des filières technologiques de croissance propre redonnant à notre pays une offre compétitive sur les marchés mondiaux, et organise un effort massif de recherche et d'innovation technologique dans

* Pour un projet complet de réforme fiscale, on pourra se reporter à mon livre *L'État efficace* (Perrin, 2007).

les deux secteurs dans lesquels nous avons pris un retard dramatique : les technologies de l'information et de la communication et les biotechnologies appuyées sur les sciences du vivant.

Pour un État fort et efficace

Il faut affirmer la légitimité d'un État fort, efficace et stratège, qui favorise le déploiement des talents individuels et des capitaux sur notre territoire, afin de multiplier les emplois et les richesses au bénéfice de tous. Mais comment peut-on reconstruire un État fort qui dépense peu ?

Afin de tendre vers l'État républicain efficace, il convient de le scinder, sur le plan analytique, en trois composantes*. D'abord, un *État régalien*, dont la mission est de faire respecter l'État de droit par la jus-

* Sur ces points, on pourra se reporter à mon livre : *L'État efficace*, Perrin, février 2007.

tice et d'assurer la sécurité externe et interne de la nation. L'État régalien est le garant des droits imprescriptibles de l'individu. Ensuite, un *État-providence*, dont la mission est de garantir les droits réels fondamentaux que sont les accès à l'éducation et à la santé publique, de mettre en œuvre un minimum d'assurance collective contre les risques de la vie (vieillesse, chômage, accidents du travail) et d'organiser une solidarité sociale de nature à aider les citoyens les plus défavorisés à se réinsérer activement dans le marché du travail. L'État-providence contribue à permettre à l'individu de s'élever à la dignité de citoyen. Enfin, un État chargé de s'assurer que la collectivité nationale dispose bien des infrastructures et des capacités compétitives lui permettant de développer le niveau de vie et le bien-être de la population dans le moyen/long terme et que l'on peut nommer *État-stratège*. L'État-stratège est au service de la liberté collective ancrée dans la préparation du long terme.

Pour que l'État républicain soit efficace, il faut concevoir les modalités de l'intervention de l'État, dans les trois formes qui viennent d'être distinguées, en sorte de créer les conditions de cette efficacité.

Un État efficace est un État qui atteint les objectifs qui lui sont assignés par le corps politique, en dépensant le moins possible, tout en fournissant la qualité de service la plus élevée possible. Pour apprécier l'efficacité de l'action publique, il faut lui assigner des missions évaluables sur la base de critères objectifs. Il faut bien comprendre que des missions trop générales ou trop vagues ne pourront pas donner lieu à évaluation.

L'*État régalien* doit mettre en œuvre lui-même les conditions du respect des droits formels imprescriptibles des citoyens libres et responsables. S'il concède des éléments de son action, il doit s'assurer que les missions déléguées sont précisément exécutées selon des normes exhaustives préalablement fixées. Les missions de l'État régalien sont la préservation de l'État de droit par l'administration d'une justice de qualité, avec des délais de jugement réduits, l'instauration d'une sécurité publique complète sur l'intégralité du territoire national, et la préservation de la souveraineté et de l'indépendance nationales dans le respect des traités internationaux. Certaines missions de justice spécialisées ou de sécurité interne peuvent être confiées à des acteurs privés soumis à un contrôle précis en fonction d'un cahier des charges tout aussi précisément rédigé. Mais les missions de justice, police et sécurité extérieure constituent le « cœur de métier » de l'État et il doit conserver un contrôle direct sur l'exécution de ces missions. Pour chacune d'elles, des indicateurs d'efficacité doivent être définis, des responsables doivent être désignés et la non-réalisation des missions doit être sanctionnée. Cet *État régalien* fort doit reprendre le contrôle des 750 quartiers de banlieue dans lesquels il est aujourd'hui quasi absent. Il doit y réimplanter les services publics essentiels qui font la différence entre une zone de non-droit et une ville républicaine.

L'action de l'État, dans ses figures autres que celle d'État régalien, doit obéir à un principe simple : l'État doit « faire faire » plutôt que faire lui-même, à chaque fois que cela est possible. L'État doit fixer les règles et normes qui encadrent les comportements des acteurs économiques plutôt qu'agir de façon discrétionnaire dans la vie économique et sociale.

C'est ainsi que pour rétablir un fonctionnement efficace et de qualité des hôpitaux, des écoles, des universités ou des services sociaux, on privilégiera l'autonomie des établissements et des chefs d'établissement et la contractualisation de leurs missions et des moyens mis à leur disposition, ainsi que les procédures d'évaluation et de contrôle qui seront appliquées. Toutes ces « unités de production administratives » seront dotées des trois instruments de l'efficacité : un objectif, un responsable et un budget. Seule une réelle autonomie contractualisée peut servir de base à une évaluation des résultats, et aux récompenses et sanctions qui découlent du respect ou du non-respect des objectifs fixés. Seule la responsabilisation des acteurs est de nature à simultanément améliorer la qualité des services et à en réduire les coûts de manière substantielle, non pas par des décisions centralisées et aveugles mais par la prise de décision au plus près des réalités. Naturellement, les acteurs responsabilisés des administrations publiques et des unités de production administratives devront être intéressés aux résultats et aux économies réalisées.

Si l'*État-providence* doit garantir les droits réels fondamentaux et mettre en œuvre une assurance collective contre les risques de la vie, les dépenses de protection sociale doivent être évaluées pour déterminer si elles atteignent les objectifs assignés au moindre coût.

L'*État-stratège* doit donner une vision de long terme aux acteurs nationaux. L'État-stratège doit assurer un environnement optimal de croissance pour les entreprises produisant sur son territoire ou concentrant sur le territoire leur siège social et leurs fonctions dirigeantes, ainsi que les activités de recherche-développement et la réalisation d'usines-pilotes destinées à concevoir les méthodes de fabrication des nouveaux produits. Son action doit maintenir une fiscalité compétitive, favoriser le développement des infrastructures et la recherche et développement. L'État-stratège est le garant de la compétitivité stratégique globale du pays dans un univers de plus en plus ouvert, notamment au sein du marché unique doté d'une monnaie unique.

L'État républicain, impartial et transparent, séparé du pouvoir et soumis à l'État de droit, doit agir, pour l'essentiel, dans deux domaines : comme État régalien fort et respecté, et comme instance nationale suprême fixant les règles, normes et orientations de l'action publique. Pour la mise en œuvre des autres missions publiques, il s'appuierait sur des *régions de gouvernement* puissantes et des unités de production administratives autonomes et responsables de leurs actions. Les *régions de gouvernement* se conçoivent comme des régions dont les départements sont devenus des circonscriptions de mise en œuvre des politiques régionales. Ces dernières visent à dynamiser les territoires par le développement des infrastructures, des entreprises, de la recherche et développement et des circuits de financement régionaux.

L'État républicain efficace est l'épine dorsale des systèmes politique et économique de la nation. Il est au service de la nation et non l'inverse.

Reconstruire un État fort et efficace et une social-économie prospère exigera de clarifier les enjeux de la politique économique européenne. Nous avons transféré les principaux leviers de la politique économique au niveau européen – politique monétaire et politique de change, politique budgétaire dans le cadre du Pacte de stabilité et de croissance, politique de la concurrence –, sans avoir jeté les bases d'un gouvernement économique européen. On ne pourra pas indéfiniment retarder les clarifications institutionnelles et politiques concernant les objectifs et le fonctionnement de l'Union européenne. Le *Centre de gravité*, qui est le parti le plus européen en France, est le seul à même de taper sur la table avec la force nécessaire pour exiger la mise en œuvre d'un gouvernement économique de l'Europe au sein de l'Eurogroupe, institué en Conseil Ecofin de la zone euro*.

---

* Sur ce point, on peut se référer à mon article sur « La gouvernance économique européenne » publié dans la *Revue Française d'Économie*, printemps 2007.

III. Comment gouverner ?

On mesure à quel point les changements qu'il convient d'opérer vont exiger une mutation de notre système politique.

À la fin des années 1950, nous faisions face à une grave crise de régime politique, avec les dérives liées à la guerre d'Algérie, et il est apparu nécessaire de mettre en place un exécutif politique fort pour redresser le pays et son économie. Mais nous étions alors dans une économie quasi fermée, qui n'allait s'ouvrir progressivement, dans le cadre du marché commun, qu'aux économies de pays comparables ayant des systèmes sociaux et des coûts de production comparables. Non seulement l'État disposait de tous les leviers d'intervention et d'ajustement (dont le taux de change), mais la société était hiérarchisée et l'autorité respectée. Une majorité politique aux ordres d'un gouvernement homogène pouvait permettre à ce dernier d'opérer les transformations politiques et sociales nécessaires à l'essor économique.

Une réforme institutionnelle

Mais le monde a changé. Il n'y a plus d'autorité qui puisse trancher contre l'avis de la société civile. Un peuple éduqué dans un monde ouvert veut être associé aux décisions qui le concernent. L'hyperconcentration des pouvoirs entre des mains minoritaires en voix, situation qui nous est imposée depuis plus d'un quart de siècle, ne produit plus de résultat. Alors que les gouvernements de Jacques Chirac disposaient d'une majorité écrasante au Parlement, ils n'ont dû qu'à la CFDT de faire passer une réforme des retraites, en 2003, qui ne règle que très partiellement les questions de financement des régimes de retraite en répartition, avant de renoncer, sous la pression de la rue, à la minuscule réforme du CPE en 2006.

Le régime politique, conçu en 1958, pour un homme d'État exceptionnel dans un monde fermé et hiérarchisé, est devenu pitoyablement inefficace un demi-siècle plus tard, alors que nous sommes dans un monde ouvert et que nous avons transféré au niveau européen des leviers de politique économique qu'un gouvernement économique européen inexistant ne peut utiliser. De plus, le peuple, soumis à l'autorité il y a un demi-siècle, exige d'être associé aux décisions dans un monde totalement ouvert. Les systèmes autoritaires monoblocs de l'État UMP-RPR et de l'État PS sont devenus inopérants. Il faut mettre en place un nouvel ordre tripolaire alliant une meilleure représentation des forces politiques du pays et une plus grande rigueur dans l'exercice de l'action politique. L'introduction d'une dose de proportionnelle (500 députés élus pour moitié au scrutin majoritaire et pour moitié à la proportionnelle) et l'interdiction du cumul des mandats pour les députés redonneraient au Parlement sa dignité et sa créativité. Le Parlement amoindri d'un régime pseudo autoritaire laisse à la rue le soin de protester, de négocier ou de s'opposer. Une décision acceptée est aujourd'hui une décision négociée par toutes les parties prenantes.

La Ve République, à distinguer du régime monobloc qui l'a pervertie, a été conçue pour fonctionner avec une majorité d'alliance grâce à trois instruments : l'élection du chef de l'État au suffrage universel qui fonde l'autorité du président indépendamment du Parlement, la question de confiance qui oblige les parlementaires à renverser un gouvernement qu'ils ne soutiendraient plus, et le droit de dissolution*. Cet appareillage, appuyé sur une réelle représentation du corps politique, grâce à une dose de proportionnelle, et sur le non-cumul des mandats, qui redonnerait tout son prestige au législateur, permettrait de construire des réformes raisonnables et régulières pour faire évoluer une société qui a trop tendance à se résumer à une collection de corporatismes

* On se reportera sur ce point à l'analyse de Jean-Louis Bourlanges : « Sortir la République de l'impasse », *Le Monde* du 22 mars 2007.

d'autant plus rétifs au changement qu'on prétend le leur imposer brutalement.

Compte tenu des attentes d'un peuple qui veut participer aux décisions prises en son nom par un système représentatif qui le représente vraiment, l'introduction de la proportionnelle et l'interdiction du cumul des mandats n'annoncent pas une VIe République mais préparent un retour à l'esprit de la Ve République, c'est-à-dire un pouvoir exécutif d'autant plus fort qu'il fait face à un Parlement réellement représentatif. De ce point de vue, la proposition en faveur d'une « démocratie participative » – appuyée sur des jurys populaires censés contrôler les élus – est une réponse erronée à une attente légitime, sans compter le risque qu'un tel régime conduise au totalitarisme. Les Français veulent être associés aux décisions qui les concernent mais veulent un régime politique efficace. La « démocratie participative » prépare la chienlit. Une Ve République rénovée par la proportionnelle et l'interdiction du cumul des mandats est, en tant que régime démocratique réellement représentatif, une réponse adaptée aux attentes du peuple.

Un nouvel ordre tripolaire

L'opposition stérile entre un réductionnisme de droite et un réductionnisme de gauche doit laisser la place à une alliance du centre avec la droite réformiste et la gauche moderne. Naîtrait de cette alliance un Parti démocrate distinct de la droite conservatrice et de la gauche protestataire. Ce Parti démocrate rassemblerait 40 % de l'électorat et fonderait un nouvel ordre tripolaire infiniment plus stable que l'ordre bipolaire actuel. Ce dernier prétend légitimer une alternance agressive et stérile entre deux blocs qui entretiennent la haine artificielle d'une moitié du peuple contre l'autre. Le nouvel ordre tripolaire favoriserait, au contraire, l'émergence de majorités de conviction qui souderaient à nouveau un peuple prodigieux.

Se recentrer aujourd'hui sur le *Centre de gravité* de la France, ce n'est pas prendre un risque institutionnel, c'est reconstruire les bases d'un gouvernement responsable d'une nation ouverte. Le seul grand risque aujourd'hui serait de ne pas entendre les grondements d'un peuple qui ne supporte plus l'immobilisme qui le fait régresser économiquement, socialement et politiquement aux yeux du monde et à ses propres yeux.

La *troisième voie* n'introduit pas un risque politique dans une société harmonieuse et prospère. Elle propose la seule solution politique raisonnable aux blocages institutionnels et politiques qui avilissent notre pays et qui exaspèrent notre peuple.

L'État UMP, qui vient d'échouer lamentablement à relancer notre économie, et l'État PS qui l'a ankylosée ne sont pas la solution à nos difficultés : ils sont le problème que nous devons surmonter. Des pans entiers de la droite raisonnable et de la gauche moderne doivent être sauvés du naufrage des États UMP et PS, deux monoblocs fantômes qui se flattent l'un l'autre de leur tragique impuissance.

*

La *troisième voie* n'est pas le nouveau problème institutionnel qui nous serait posé. Elle est la solution politique nécessaire pour rendre à la France sa capacité à se moderniser, dans le contexte qui est le nôtre, comme Charles de Gaulle l'avait fait en 1958 dans le contexte qui était le sien.

D'un rebelle à l'autre, reprenons goût à la France en prenant appui sur notre *Centre de gravité*. Construisons un Parti démocrate qui fonde un nouvel ordre tripolaire stable et vertueux. Un Parti démocrate seul capable de refonder la République et de créer une dynamique de croissance dans une société équitable et transparente.

Annexe

La TVA sociale : conditions nécessaires de réussite

Le financement de la protection sociale a été assis sur le travail lorsque l'économie française était largement fermée, depuis les ordonnances créant la Sécurité sociale en 1945 jusqu'en 1990. La mise en œuvre de la CSG en 1990 et son renforcement en 1997 ont commencé à modifier le financement de la protection sociale. Entre 1978 et 2006, le niveau des prélèvements obligatoires des administrations de sécurité sociale dans le PIB a progressé de 6 points, s'élevant de 16 % à 22 % du PIB. Dans le même temps, le poids des cotisations sociales dans le financement est passé de 90 % à 60 %, la CSG assurant 22 des 30 points d'écart. Si l'on doit réduire encore le poids des cotisations sociales dans le financement de la protection sociale, il convient de préciser l'objet de la réforme avec une grande rigueur.

La protection sociale se scinde en protection individuelle et protection collective. La protection sociale individuelle, c'est-à-dire la protection qui bénéficie directement aux salariés (et indépendants) assurés, comprend l'assurance-vieillesse, l'assurance-chômage et l'assurance contre les accidents du travail. Il s'agit de verser une pension de retraite ou des prestations de chômage dont le montant est lié aux cotisations versées, ou des allocations de remplacement en cas d'accident du travail. Cette protection individuelle doit être financée par des cotisations assises sur le seul travail.

La protection sociale collective, quant à elle, bénéficie à l'ensemble de la population : actifs, inactifs, résidents légaux, voire illégaux. Il s'agit de l'assurance-maladie, de la politique familiale, de la lutte contre la pauvreté et l'exclusion sociale, des prestations d'invalidité. Cette protection collective doit être financée soit par la CSG, soit par un mix de CSG et de TVA lorsque l'on considère la possibilité d'introduire une TVA dite sociale, c'est-à-dire une surtaxe de TVA reversée aux régimes sociaux.

Financer la protection sociale individuelle par une cotisation collective, comme la CSG, serait inéquitable. Financer la protection sociale collective par des cotisations individuelles sur le travail est tout aussi injuste.

En ce qui concerne la protection sociale collective, et si l'on retient le principe de financements affectés, la CSG, assise sur l'intégralité des revenus directs et de substitution, doit financer l'assurance-maladie, l'invalidité et la politique familiale (maternité comprise) car il s'agit d'opérer une redistribution horizontale entre malades et bien-portants, ou entre ménages avec et sans enfants. Seule la lutte contre la pauvreté et l'exclusion sociale relève d'une redistribution verticale et peut être financée par l'impôt sur le revenu.

Dans ce cadre précis, on peut envisager un financement de la protection sociale collective, hors lutte contre la pauvreté, par un mix de CSG et de TVA sociale. Si l'on passait d'un financement de la protection sociale collective par des cotisations sur les salaires à un financement par la CSG ou la TVA, les salariés seraient gagnants car on élargirait, plus encore qu'aujourd'hui, la base de financement de la Sécurité sociale à tous les revenus. De plus, la TVA sociale frappe l'industriel chinois comme le français lors de la consommation de leurs produits en France.

Comment la mesure pourrait-elle être mise en place ? On ne peut pas généraliser le taux réduit de TVA à toutes les activités de service dans le contexte d'une grave crise des finances publiques. Il faut donc moderniser la structure des taux de TVA. Si l'on admet qu'il faut garder un taux réduit de TVA pour certaines consommations de base, il devrait néanmoins être consolidé à 8 %, pour ne pas bouleverser l'activité des secteurs concernés et inscrire ce taux dans une structure cohérente, le taux normal étant porté à 22 %. On pourra aménager la transition pour les activités les plus sensibles.

Le point clef serait l'introduction d'un taux intermédiaire qui pourrait s'appliquer à toutes les activités à forte intensité de main-d'œuvre. Il serait fixé à 15 % pour être compatible avec la législation européenne. Il s'agit de lutter contre la délocalisation des activités et le travail au noir, et de prendre en compte le fait que beaucoup de ces activités sont réalisées par des travailleurs indépendants ou des micro-PME.

La nouvelle structure de la TVA serait donc la suivante : 8 %, 15 % et 22 %. Cette structure de TVA est cohérente au plan interne. Elle permet de lutter contre le travail au noir et de protéger les emplois soumis à la compétition internationale en réduisant les charges sociales pesant directement sur ces emplois.

L'augmentation de la TVA pourrait-elle néanmoins présenter des risques ? Notamment, si les entreprises répercutaient la totalité de la hausse des prix du fait de la hausse de la TVA, sans les réduire du fait de la baisse des cotisations sociales, pourrait-on observer un effet inflationniste du basculement partiel de cotisations sociales vers la TVA ? Une étude réalisée en mai 2006 (rapport du Groupe de travail sur l'élargissement de l'assiette des cotisations employeurs de Sécurité sociale, ministère des Finances, 30 mai 2006) conclut à un tel risque. Que faut-il en penser ? D'une part, cette étude n'envisage pas du tout la mise en place d'une structure de TVA cohérente, comme celle qui est proposée ci-dessus, mais concentre son attention sur la hausse du taux de TVA le plus élevé. D'autre part, rien n'indique que les entreprises travaillant en France ne seraient pas contraintes, par l'effet de la concurrence, à effectivement réduire leurs prix hors taxes. Le risque inflationniste est, au total, très faible.

L'Auteur

Christian Saint-Étienne, proche conseiller de François Bayrou, est professeur des Universités et membre du Conseil d'analyse économique (CAE) et du Conseil d'orientation des finances publiques. Il est président de l'Institut France Stratégie.

Il est l'auteur de plusieurs ouvrages* pour lesquels il a obtenu de nombreux prix. Il a contribué à deux rapports majeurs du CAE : l'un sur la réforme fiscale possible et souhaitable en France (*Croissance équitable et concurrence fiscale*, 2005) et l'autre sur la dynamisation du tissu productif (*Une stratégie PME pour la France*, 2006). Il a fait partie de la Commission nationale Université-Emploi en 2006 et a publié une réflexion essentielle sur la modernisation de l'État en 2007 (*L'État efficace*, Perrin, 2007).

---

* *L'Exception française*, Armand Colin, 1992 ; *Génération sacrifiée : les 20-45 ans*, Plon, 1993 ; *L'État mensonger*, JC Lattès, 1996 ; *L'Ambition de la liberté*, Economica, 1998 ; *Scènes de vie en 2024*, JC Lattès, 2000 ; *Appel à une génération citoyenne*, Economica, 2001 ; *La Puissance ou la mort : l'Europe face à l'Empire américain*, Seuil, 2003 ; *L'État efficace*, Perrin, 2007.

• • • SAGIM • CANALE • • •

Achevé d'imprimer en avril 2007
sur rotative Variquik
à Courtry (77181)

Dépôt légal : avril 2007
N° d'impression : 10096

L'imprimerie Sagim-Canale est titulaire de la marque
Imprim'vert®

Imprimé en France